ROMAIN PUÉRTOLAS

AUTORE FRANCESE

- **Nato a Montpellier nel 1975.**

- **Opere degne di nota:**

  - *Le jour où Shakespeare a inventé le moonwalk* (*"Il giorno in cui Shakespeare inventò il moonwalk"*, 2012), romanzo

  - *La Petite Fille qui avait avalé un nuage grand comme la tour Eiffel* (*"La bambina che ingoiò una nuvola grande come la Torre Eiffel"*, 2015), romanzo

  - *Tout un été sans Facebook* (*"Un'intera estate senza Facebook"*, 2017), romanzo

Romain Puértolas ha vissuto in Francia, Spagna e Inghilterra e parla diverse lingue. La sua carriera è stata molto varia: ha lavorato come DJ, insegnante di lingue, traduttore e interprete, oltre a condurre una serie su YouTube dedicata a svelare i segreti dei maghi. Tuttavia, la scrittura è sempre stata la sua più grande passione e coglie ogni occasione per scrivere.

Puértolas è uno scrittore prolifico, anche se alcuni dei suoi romanzi non sono ancora stati pubblicati. Quando nel 2013 è uscito il suo primo romanzo, *Lo straordinario viaggio del fachiro rimasto intrappolato in un armadio Ikea*, lavorava ancora come agente di polizia, ma il successo del libro lo ha spinto ad abbandonare il lavoro per dedicarsi alla scrittura a tempo pieno.

LO STRAORDINARIO VIAGGIO DEL FACHIRO RIMASTO INTRAPPOLATO IN UN ARMADIO IKEA

UNA SERIE DI AVVENTURE FOLLI

- **Genere:** romanzo
- **Edizione di riferimento:** Puértolas, R. (2015) *Lo straordinario viaggio del fachiro rimasto intrappolato in un armadio Ikea*. Trans. Taylor, S. London: Vintage
- **1° edizione:** 2013
- **Temi:** immigrazione, viaggio, sviluppo personale, magia, inganno

Lo straordinario viaggio del fachiro rimasto intrappolato in un armadio Ikea è apparso per la prima volta in francese nel 2013, con una traduzione in inglese nel 2014, ed è il primo romanzo pubblicato di Romain Puértolas. Racconta la storia di un fachiro (un asceta o santone musulmano o indù) e truffatore professionista che lascia il suo stato natale, il Rajasthan, nell'India nord-occidentale, per recarsi a Parigi e acquistare l'ultimo letto di chiodi dell'Ikea. Durante il viaggio, si imbatte in un tassista zingaro, si innamora di una donna francese e, in qualche modo, finisce intrappolato in un armadio di un negozio Ikea; tutte queste esperienze stravaganti contribuiscono a renderlo una persona migliore.

Il romanzo è stato subito un bestseller in Francia ed è stato uno dei libri più discussi del 2013 nel Paese.

SINTESI

LA VITA PRIMA DEL GUARDAROBA

Ajatashatru Oghash Rathod ha convinto gli altri abitanti del suo villaggio natale di avere poteri magici e ha raccolto abbastanza denaro per recarsi a Parigi e acquistare l'ultimo letto di chiodi dell'Ikea. Dopo l'atterraggio, prende un taxi guidato da Gustave Palourde, che approfitta della scarsa dimestichezza del suo passeggero con la città per spillargli altri soldi portandolo all'Ikea più lontana dall'aeroporto.

Tuttavia, quando arrivano a destinazione, è il fachiro a ingannare il tassista, usando un gioco di prestigio per pagare con una falsa banconota da 100 euro stampata solo su un lato e attaccata al dito con un filo trasparente, che poi usa per strappare la banconota dalla mano di Palourde mentre esce.

Si dirige quindi all'Ikea e rimane sbalordito dalla vastità del negozio. Decide persino di dormire lì quella notte, poiché non ha abbastanza soldi per pagare un albergo. Quando va a cercare il suo letto di chiodi, gli viene detto che è esaurito e che dovrà essere ordinato. Sarà in negozio la mattina seguente, ma con un prezzo di 115,89 euro: costa più della sua singola banconota falsa. Nonostante la scoperta sia un duro colpo, non si lascia scoraggiare e si dirige immediatamente al ristorante del negozio.

Con un altro dei suoi trucchi, Ajatashatru fa credere a una donna di avergli rotto gli occhiali e lei si sente talmente in colpa da dargli 20 euro e invitarlo a mangiare con lei. Durante il pasto, questa donna parigina, che si chiama Marie Itiviere, subisce l'incantesimo di Ajatashatru e cerca di sedurlo, ma lui è confuso dalle sue avances e le respinge, nonostante sia attratto anche da lei.

Il fachiro si nasconde quindi sotto un letto per poter rimanere nel negozio dopo l'orario di chiusura e vi si addormenta. Due ore dopo si sveglia affamato e ruba del cibo dal ristorante. Vede poi due dipendenti Ikea e si nasconde in un armadio per evitare di essere scoperto. Si scopre che i dipendenti sono lì per rimuovere tutti i mobili della vecchia collezione, compreso l'armadio.

LA VITA NEL GUARDAROBA

Nel frattempo, il tassista ha capito di essere stato ingannato e decide di tornare all'Ikea. Non trovando il fachiro (che si trova nell'armadio appena tolto), va a denunciare il furto. La polizia guarda le registrazioni delle telecamere a circuito chiuso del negozio e si sorprende nel vedere Ajatashatru che si nasconde e poi viene spostato con i mobili, che vengono inviati al deposito dell'azienda in Gran Bretagna.

Ajatashatru, che si era nuovamente addormentato, viene svegliato da un rumore di voci e, dall'interno dell'armadio, si rende conto di trovarsi in un camion merci con altre sei persone che stanno cercando di entrare nel Paese senza documenti e parlano tra loro. Quando cerca di uscire con la forza dall'armadio, il rumore che fa li avverte della sua presenza e loro lo lasciano uscire e gli raccontano la loro storia. Sono fuggiti dal Sud Sudan a causa dei disordini politici e hanno intrapreso un lungo viaggio verso l'Europa, e tutto ciò che vogliono è guadagnare abbastanza soldi per provvedere alle loro famiglie. Questo fa capire al fachiro quanto sia superficiale il suo obiettivo di comprare un letto Ikea.

Quando i sud sudanesi gli chiedono di raccontare la sua storia, lui si vergogna troppo a dire la verità e si rassegna a mentire quando irrompe la polizia dell'immigrazione. Arrestano il gruppo e, dopo un breve interrogatorio, lo mandano a Barcellona, da dove i migranti sono appena arrivati.

Nel frattempo, Gustave Palourde, che non è riuscito a vendicarsi di Ajatashatru, parte con la moglie Mercedes-Shayana e la figlia Miranda-Jessica per la loro vacanza annuale a Barcellona.

DAL GUARDAROBA ALLA VALIGIA

Quando arriva all'aeroporto, Ajatashatru si trova faccia a faccia con il tassista e, durante il litigio che ne segue, viene scaraventato sulla giostra dei bagagli e portato nel deposito. Gustave si avvicina a un impiegato di nome Tom Cruise-Jesús Cortes Santamaria, anch'egli gitano, ed entrano insieme nel deposito. Tuttavia, Tom Cruise-Jesús finge solo di essere motivato da un senso di solidarietà con il tassista; il suo vero obiettivo è sedurre sua figlia.

Nel frattempo, Ajatashatru ha avuto il tempo di svuotare tutti i vestiti e i beni di lusso da una valigia e di nascondersi al suo interno. Le sue speranze iniziali di visitare Barcellona vengono vanificate quando la valigia viene caricata su un aereo diretto a Roma, e lui riesce a uscire dalla valigia mentre è ancora nella stiva.

Nonostante abbia solo una matita Ikea con cui scrivere e la maglietta che indossa su cui scrivere, decide di comporre una storia. Ha sempre voluto cimentarsi nella scrittura, ma non ci è mai riuscito. La sua storia è ambientata in una prigione dello Sri Lanka ed è incentrata su un terrorista afghano cieco che chiede al suo compagno di cella di fargli il favore di raccontargli cosa riesce a vedere ogni giorno dalla finestra.

Alla fine, il compagno di cella muore e il suo sostituto dice al cieco che non c'è altro che un muro fuori dalla finestra, il che significa che tutte le descrizioni erano solo voli di fantasia progettati per renderlo felice. Ajatashatru è molto orgoglioso del suo primo scritto e, una volta terminato, si arrampica sulla cassa.

DA FACHIRO A SCRITTORE

Dopo l'atterraggio a Roma, la proprietaria della valigia, una famosa attrice di nome Sophie Morceaux, trova il fachiro nascosto al suo interno. Quando lui le racconta il suo incredibile viaggio, lei lo prende in simpatia e lo invita nel suo albergo. Mentre lei gli procura nuovi vestiti, lui decide di rendere più elegante il suo aspetto togliendosi i piercing e radendosi i baffi.

I due mangiano insieme e Sophie presenta Ajatashatru al suo agente Hervé, che gli organizza un incontro presso una casa editrice. Il giorno dopo, il fachiro chiama Marie e le dice che la incontrerà a Parigi, anche se non ha idea di come arrivarci. Incontra quindi il rappresentante della casa editrice, che è interessato al suo romanzo e gli offre un anticipo di 100.000 euro. Per non perdere il denaro, decide di tenerlo con sé.

Tornato al deposito bagagli dell'aeroporto, Gustave trova gli abiti che Ajatashatru ha svuotato dalla valigia di Sophie per potersi nascondere lì. Con l'aiuto della moglie, appassionata di gossip sulle celebrità, capisce che gli abiti appartengono alla famosa attrice e scopre da Tom Cruise-Jesús che sta volando a Roma. Si avvale quindi dell'aiuto del cugino Gino, che vive in città, per rintracciare il ladro.

Gino sfrutta il fatto di essere un parrucchiere per entrare nell'hotel di Ajatashatru. I due uomini litigano e il fachiro scappa e si nasconde in una mongolfiera molto frequentata dai turisti. La mongolfiera prende poi il volo ed egli si ritrova a fluttuare nel cielo con il suo libro in anticipo.

DAL CIELO AL MARE AL MATRIMONIO

Il pallone finisce il carburante e precipita in mare, dove viene raccolto da una barca diretta in Libia. Il capitano dell'imbarcazione, Aden Pik, cerca di mettere le mani sulla fortuna del fachiro, ma Ajatashatru usa la sua banconota falsa da 100 euro e le sue abilità di truffatore per convincerlo che la valigia è in realtà piena di banconote false fatte di pane azzimo. Purtroppo per lui, anche il capitano ama mangiare e prende alcune delle banconote, così Ajatashatru arriva in Libia con 85.000 euro.

Durante il suo soggiorno, incontra Assefa, uno dei sud sudanesi incontrati nel camion, e scopre che non è mai arrivato in Inghilterra. Al contrario, è stato semplicemente spostato da un paese all'altro, poiché le autorità hanno sempre cercato di spostarlo. Ajatashatru gli racconta la sua vera storia, dall'infanzia all'inganno con cui è riuscito ad arrivare in Francia. Si vergogna a tal punto del suo inganno e si commuove per il viaggio di Assefa che decide di donargli 40.000 euro.

Dopo un'attesa apparentemente interminabile di cinque giorni, causata dai ribelli che hanno occupato la pista e devono essere allontanati, Ajatashatru si imbarca su un aereo per la Francia per incontrare Marie. Non sente più il suo posto in India ed è deciso a iniziare una nuova vita con la donna che ama.

A Parigi, Marie prende un taxi per andare all'aeroporto per incontrarlo; l'autista è nientemeno che Gustave Palourde. Anche Gustave sperava di arrivare all'aeroporto, pur lavorando, per poter incontrare Gino, giunto in Francia per il matrimonio di Miranda-Jessica con Tom Cruise-Jesús. Ajatashatru e Gustave si incontrano per l'ultima volta e l'ex-fachiro consegna al tassista 500 euro per scusarsi.

Qualche mese dopo, Ajatashatru chiede a Marie di sposarlo durante una cena romantica. Ora è un uomo cambiato e spende la maggior parte dei profitti del suo libro per aiutare i membri più svantaggiati della società.

STUDIO DEL CARATTERE

AJATASHATRU OGHASH RATHOD

Il protagonista del romanzo, Ajatashatru Oghash Rathod, è un fachiro e truffatore di trentotto anni di Jaipur, la capitale del Rajasthan. Si reca in Francia per acquistare un letto di chiodi dall'azienda svedese Ikea, ma finisce per imbarcarsi in una serie di avventure inaspettate che lo cambiano per sempre.

Ajatashatru corrisponde all'immagine stereotipata del fachiro: è un uomo di mezza età, alto e bruno, con numerosi piercing, enormi baffi e un turbante. Per adattarsi all'Occidente, ha affittato un abito e una cravatta, che rimangono stropicciati per tutto il romanzo. È famoso in tutto il Rajasthan per i suoi scherzi e le sue illusioni: "[…] ingoiare spade retrattili, mangiare vetro rotto fatto di zucchero a zero calorie, trafiggersi le braccia con aghi finti e un mucchio di altri giochi di prestigio" (p. 10).

Ha avuto un'infanzia difficile: la madre è morta quando era ancora molto piccolo, la madre adottiva lo ha rifiutato e ha sofferto di carestie e abusi sessuali. Infatti, ha imparato i suoi primi trucchi con un accendino che un inglese gli dà in cambio di sesso orale. Allo stesso modo, impara i segreti dei fachiri da uno yogi (un saggio indù) che abusa sessualmente di lui quando è adolescente. Entra poi a far parte della corte di un maharaja, che lo licenzia quando scopre che è un truffatore.

Usa inganni e trucchi per andare avanti e per uscire da una serie di situazioni difficili. Dopo essere rimasto accidentalmente intrappolato in un armadio Ikea, viene inseguito a Barcellona e poi a Roma da Gustave Palourde, il tassista che aveva ingannato al suo arrivo a Parigi. Tuttavia, le persone che incontra nel corso del suo viaggio hanno un profondo impatto su di lui: le persone cattive mettono alla prova le sue capacità di fachiro, mentre quelle buone lo costringono a riflettere sulla sua vita e sui suoi valori e lo aiutano a diventare una persona migliore. Per esempio, i migranti sud sudanesi gli dimostrano che esiste un altro mondo, molto più difficile di quello in cui viveva in India, mentre Marie gli fa capire che è degno di amore e che non è troppo tardi per rimediare.

GUSTAVE PALOURDE

Gustave Palourde ha circa 50 anni ed è lo stereotipo dello zingaro, con una folta peluria e vistosi gioielli d'oro. È avido e cerca di imbrogliare Ajatashatru portandolo all'Ikea più lontana dall'aeroporto, ma la sua disonestà gli si ritorce contro, perché alla fine è lui a essere ingannato dal fachiro.

Lavora per la Gypsy Taxis e vive in una roulotte con la moglie e la figlia. Quando Ajatashatru gli sottrae la tariffa del taxi di 100 euro, denuncia il furto, ma non serve a nulla perché il fachiro è fuggito in Inghilterra. Quando incontra per caso Ajatashatru a Barcellona, lo aggredisce e lo insegue. Il furto sembra aver ferito il suo orgoglio e il suo onore, spingendolo a cercare vendetta ad ogni costo. Più tardi, quando scopre che il fachiro si trova a Roma, chiede a suo cugino Gino di rintracciarlo, trasformando il furto in una questione familiare.

Gino non si fa scrupoli a infrangere la legge per preservare l'onore di un membro della sua famiglia, anche se i suoi sforzi risultano alla fine vani.

Alla fine del romanzo, Palourde incontra Ajatashatru a Parigi e i due uomini fanno pace. Nel corso del romanzo, Gustave svolge il ruolo di antagonista e rappresenta un nemico a cui Ajatashatru non può sfuggire, anche quando non è fisicamente presente (come quando manda suo cugino a inseguirlo in Italia). È un personaggio importante perché è l'unico a conoscere i trucchi del fachiro e a rifiutarsi di farsi ingannare da lui.

MERCEDES-SHAYANA, MIRANDA-JESSICA E GINO

Sono i membri della famiglia di Gustave.

Mercedes-Shayana, moglie di Gustave, è molto loquace (lui direbbe troppo), è un'avida lettrice di riviste di celebrità, si veste in modo sgarbato e in passato ha rubato del denaro al marito. La coppia non ha un rapporto particolarmente solido.

Miranda-Jessica, figlia di Gustave, è descritta come fisicamente attraente, con capelli biondi e trucco pesante, anche se non è molto intelligente. Le piacciono le storie d'amore in vacanza e alla fine si innamora di Tom Cruise-Jesús Cortés Santamaria, che lavora all'aeroporto di Barcellona e che sposerà alla fine del romanzo.

Gino, il cugino di Gustave, è un parrucchiere gitano basso e bruno che vive a Roma. Insegue Ajatashatru su richiesta di Gustave quando il fachiro arriva in Italia.

MARIE ITIVIERE

Marie Itiviere è una quarantenne parigina bionda, abbronzata e benestante. È un'inguaribile romantica e cerca disperatamente l'amore online. Tenera e amichevole per natura, si innamora di Ajatashatru la prima volta che lo incontra in un'Ikea di Parigi. L'incontro avviene in realtà quando lui le sottrae con l'inganno i soldi necessari per pagare il letto di chiodi, ma poi si sente in colpa quando si innamora di lei.

In effetti, Marie è la prima persona che fa sentire Ajatashatru in colpa per il suo comportamento. Quando la chiama da Roma e lei non risponde, si rende conto di aver commesso un errore nel respingere le sue avances. Tuttavia, non si scoraggia e riprova a chiamarla; questa volta, lei risponde e lui le dice che tornerà a Parigi per raggiungerla.

Quando la mongolfiera su cui è salito per fuggire a Roma precipita, Ajatashatru teme per la sua vita e si rende conto di voler provare a far funzionare la relazione sentimentale con Marie. Qualche mese dopo il suo ritorno a Parigi, le chiede di sposarlo.

Marie svolge un ruolo fondamentale nel percorso personale di Ajatashatru, in quanto gli permette di prospettarsi un futuro diverso da una vita di inganni: grazie a lei, si rende conto che non è troppo tardi per cambiare e diventare una brava persona.

ASSEFA

Durante il viaggio verso la Gran Bretagna a bordo di un camion, Ajatashatru incontra un gruppo di sei migranti sud sudanesi che in precedenza si trovavano a Barcellona. Assefa è il loro leader. Gli raccontano la loro storia (sono tutti fuggiti dalla povertà e dalle turbolenze politiche del Sudan meridionale per recarsi in Inghilterra, dove sperano di guadagnare denaro per mantenere le loro famiglie) e lo aiutano a uscire dal guardaroba. Poco dopo, vengono separati dalla polizia dell'immigrazione.

Ajatashatru si riunisce con Assefa più tardi, in Libia, e gli dà parte dell'anticipo ricevuto per il suo libro. Questo denaro permette ad Assefa di tornare in Sud Sudan, dove finanzia la costruzione di una scuola e aiuta le famiglie svantaggiate. In questo senso, svolge un ruolo simile a quello di Marie, in quanto fa emergere la bontà interiore di Ajatashatru.

SOPHIE MORCEAUX

Sophie è un'attrice bella e famosa, nota soprattutto per il suo ruolo di Bond girl nel film *Tomorrow Is Not Enough*. Viene descritta come una "bella giovane donna con occhi verdi e capelli castani" (p. 175). Trova Ajatashatru nella sua valigia e se ne invaghisce a tal punto da invitarlo a cena nel suo albergo. Grazie a lei, Ajatashatru ottiene un contratto di pubblicazione per il suo libro e un grosso anticipo.

Come il suo nome chiarisce, questo personaggio è basato sull'attrice francese Sophie Marceau (nata nel 1966). Questo permette a Puértolas di fondare il suo romanzo su elementi riconoscibili della realtà, dato che la stragrande maggioranza dei lettori francesi conoscerà già l'attrice, oltre ad aggiungere una dimensione parodica.

ANALISI

STRUTTURA NARRATIVA

Il romanzo di Puértolas utilizza la struttura lineare tipica del genere del racconto, con eventi raccontati in ordine cronologico e che si susseguono in modo logico. La struttura narrativa delineata di seguito illustra le fasi principali della storia, dallo squilibrio che pone fine alla situazione iniziale alla serie di avventure che seguono e che permettono al protagonista di svilupparsi come personaggio, fino alla conclusione che viene raggiunta.

Situazione iniziale: è l'inizio della storia, il momento in cui si crea la scena e si introducono i personaggi; la situazione è equilibrata, cioè non c'è motivo di cambiarla.

- Ajatashatru arriva in Francia. Vuole comprare un letto Ikea e il commesso gli dice che può essere ordinato per lui.

Elemento di disturbo: è un evento che si verifica, cambiando la situazione iniziale e innescando la storia vera e propria.

- Questa fase inizia quando il venditore dice ad Ajatashatru che il letto che desidera è più costoso di quanto si aspettasse. Il fachiro allora inganna Marie e progetta di passare la notte all'Ikea, il che lo porta a rimanere intrappolato nell'armadio.

Sviluppi: sono gli eventi causati dall'elemento di disturbo che portano l'eroe ad agire per risolvere il problema.

- Ajatashatru è intrappolato nell'armadio.

- Incontra i migranti sud sudanesi.

- Viene interrogato dalle autorità britanniche e inviato a Barcellona.

- Incontra e combatte con Gustave Palourde.

- Arriva a Roma nella valigia di Sophie Morceaux.

- Fugge con una mongolfiera, poi raggiunge la Libia in barca dopo che la mongolfiera ha esaurito il carburante e precipita in mare.

Esito: pone fine agli sviluppi e porta alla conclusione.

- Ajatashatru arriva in Libia, si rende conto delle difficoltà incontrate dai migranti e capisce di voler rivedere Marie e costruire un futuro con lei.

Conclusione: questa è la fine della storia. La situazione è di nuovo stabile, come quella iniziale, ma ha subito alcuni cambiamenti.

- Alla fine del romanzo, Ajatashatru e Marie sono fidanzati. Il cambiamento più grande riguarda la personalità di Ajatashatru: da bugiardo e imbroglione è diventato un uomo sincero, retto e onesto.

UNA STORIA MODERNA?

I racconti sono brevi narrazioni che raccontano eventi fantastici o comunque insoliti. I racconti possono assumere numerose forme (fiabe, racconti fantastici, racconti satirici, racconti filosofici, ecc.). Le prime fiabe risalgono all'antichità, con opere come le *Metamorfosi* (II secolo) di Apuleio (scrittore latino, 125-170 circa), e lo sviluppo del genere è stato fortemente influenzato dalle opere del Medioevo, tra cui *I racconti di Canterbury* (1387-1400) di Geoffrey Chaucer (poeta inglese, 1340-1400 circa) e il *Decameron* (1348-1353) di Giovanni Boccaccio (scrittore italiano, 1313-1375), in quanto i loro autori furono i primi a incorporare elementi popolari della tradizione orale in testi scritti.

Tuttavia, la fiaba iniziò a essere considerata un genere letterario a sé stante solo a partire dalla fine del XVII secolo, quando iniziarono a essere pubblicate le versioni stampate delle fiabe. Una delle forze trainanti di questo sviluppo fu lo scrittore francese Charles Perrault (1628-1703), noto soprattutto per le sue fiabe. Il XVIII secolo è considerato da molti l'età d'oro della fiaba e in questo periodo scrittori come Voltaire (scrittore e filosofo francese, 1694-1778) usarono le fiabe come veicolo di messaggi politici o filosofici.

Nel XIX secolo, e in particolare in Germania, la fiaba divenne un genere completamente indipendente, con opere fondamentali di autori come E. T. A. Hoffmann (autore e compositore tedesco, 1776-1822) e Jakob e Wilhelm Grimm (scrittori e filologi tedeschi, 1785-1863 e 1786-1859).

Dal XX secolo in poi, l'influenza del genere del racconto sul mondo letterario si è progressivamente ridotta, tranne che nel caso della letteratura per l'infanzia. La decisione di Puértolas di scrivere un racconto per lettori adulti moderni è quindi audace e originale. Lo *straordinario viaggio del fachiro che rimase intrappolato in un armadio Ikea* presenta molte analogie con le fiabe tradizionali.

- **Personaggi stereotipati:** ogni personaggio si basa su un'immagine popolare e caricaturale composta da una serie di tratti estremamente semplicistici. Ne *Lo straordinario viaggio del fachiro rimasto intrappolato in un armadio Ikea*, questi personaggi includono il fachiro indiano, che dedica la sua intera vita a usare giochi di prestigio per truffare la gente; la zingara ricoperta di peli sul corpo e grondante di gioielli d'oro, che dà la priorità all'onore e alla vendetta sopra ogni altra cosa; la star del cinema stufa della fama; e la donna divorziata che cerca disperatamente di ritrovare l'amore.

- **Un narratore esterno, onnisciente:** la narrazione è scritta in prima persona singolare e il narratore è testimone di tutto e sa tutto dei personaggi. Questo gli permette di descrivere i loro pensieri e sentimenti e di raccontare ciò che accade in più luoghi diversi allo stesso tempo.

- **Avventure straordinarie:** il viaggio di Ajatashatru è molto insolito. Il tono è dato dall'inizio della storia, quando si reca in Francia per comprare un letto Ikea. Questa prima strana decisione è seguita da una serie di eventi stravaganti (finisce intrappolato in un armadio Ikea, poi nella valigia di Sophie, scrive un romanzo su una camicia, tenta di fuggire in mongolfiera, ecc.).

- **Un lieto fine:** in realtà, il romanzo si chiude con molteplici eventi felici:
  - Ajatashatru e Gustave Palourde fanno pace;
  - Miranda-Jessica e Tom Cruise-Jesús si sposano;
  - Ajatashatru e Marie si fidanzano;

- Assefa è in grado di costruire una scuola in Sud Sudan con il denaro che Ajatashatru gli ha dato;
- Ajatashatru usa i profitti del suo romanzo per creare una fondazione per aiutare i bisognosi;
- la famiglia di Ajatashatru inizia a fare progetti per raggiungerlo a Parigi.

- **Una dimensione morale.** *Lo straordinario viaggio del fachiro che rimase intrappolato in un armadio dell'Ikea* mostra lo sviluppo morale di Ajatashatru mentre gli eventi che vive lo cambiano in meglio e trasmette il messaggio che comportarsi onestamente e aiutare gli altri è più soddisfacente e appagante che mentire e rubare.

Tuttavia, il romanzo di Puértolas è chiaramente ancorato a un contesto del XXI secolo e come tale presenta numerosi elementi assenti dai racconti tradizionali, come gli aerei, il negozio Ikea, la mongolfiera, il camion, i taxi e i telefoni cellulari. Nonostante queste differenze superficiali, la storia è simile a molti racconti del XVIII secolo, in cui un personaggio occidentale si recava in Oriente o viceversa: Ajatashatru scopre un nuovo mondo, più ricco e diverso da quello della sua India. La sua esperienza ricorda quindi lo shock culturale descritto in molti racconti tradizionali.

LO SVILUPPO PERSONALE DELL'EROE

Come *Candide* (1759) di Voltaire, *Lo straordinario viaggio del fachiro che rimase intrappolato in un armadio Ikea* racconta la storia di un viaggio e può essere visto come una sorta di coming-of-age in quanto descrive lo sviluppo morale, emotivo e intellettuale di un protagonista che supera una serie di ostacoli e nel frattempo arriva a comprendere meglio se stesso e il mondo che lo circonda, trovando la vera felicità.

 ## CANDIDE

Questo racconto filosofico del XVIII secolo ebbe un grande successo popolare e fu ripubblicato venti volte tra il 1759 e la morte di Voltaire nel 1778. Racconta la storia dell'omonimo protagonista, che viene cacciato da un idillio e scopre il mondo reale viaggiando attraverso la Bulgaria, il Portogallo e il Paraguay.

La narrazione si conclude a Costantinopoli (l'attuale Turchia), dove Candide si ricongiunge finalmente con Cunégonde, la donna che ama, dopo una lunga separazione iniziata quando fu cacciato dalla Westfalia a causa della sua relazione con lei. Tuttavia, scopre che lei è ormai orrendamente brutta, il che non lascia presagire nulla di buono per la loro futura vita insieme.

La lezione finale del racconto è che "dobbiamo coltivare il nostro giardino", ovvero che dobbiamo avere fiducia nel nostro destino e accettare la nostra situazione, lavorando al contempo per costruire il tipo di mondo in cui vogliamo vivere.

Un recensore ha descritto Ajatashatru come "Candide con il turbante" (Béraud-Sudreau, 2013), e numerosi critici hanno tracciato un parallelo tra le due opere, in quanto entrambe raffigurano protagonisti che intraprendono un viaggio, superano ostacoli, crescono come individui e scoprono la vera felicità.

Ajatashatru si evolve nel corso del romanzo, abbandonando il suo vecchio carattere disonesto e manipolatore per diventare generoso e premuroso. I cinque eventi chiave che determinano questo cambiamento sono definiti "scosse elettriche":

- la prima "scossa elettrica" avviene quando incontra Marie: "A volte le persone devono solo vederti in un certo modo, soprattutto se il modo in cui ti vedono è positivo, per trasformarti in quella brava persona. Questa fu la prima scossa elettrica che il fachiro ricevette al cuore durante questa avventura" (p. 47);

- la seconda arriva quando si rende conto delle difficoltà affrontate dai migranti sud sudanesi: "Questa fu la seconda scossa elettrica che il fachiro ricevette al cuore durante questa avventura" (p. 88);

- la terza è prodotta dall'orgoglio che prova nello scrivere il suo primo romanzo: "L'orgoglio di aver messo in parole le sue idee fu la terza scossa elettrica che il fachiro ricevette al cuore durante questa avventura" (p. 172);

- la quarta avviene dopo che Sophie lo ha aiutato: "Questa era la quarta scossa elettrica che il fachiro riceveva al cuore durante questa avventura. Era stato aiutato di nuovo" (p. 178);

- la quinta arriva dopo aver aiutato un giovane libico in difficoltà: "E fu anche la quinta scossa elettrica che ricevette al cuore durante questa avventura" (p. 260).

Le lezioni che impara nel corso del suo viaggio includono:

- **che possiamo (ri)scoprire noi stessi attraverso gli occhi di un'altra persona.** Quando incontra Marie, lei lo vede come una brava persona, il che ha un'influenza positiva sulla sua immagine di sé. Questo incontro lo spinge a voler essere una persona migliore per essere all'altezza dell'immagine che Marie ha di lui;

- **che vuole essere una brava persona.** Quando è sull'aereo da Barcellona a Roma, si ritrova a voler sopravvivere per poter diventare un uomo onesto, cosa che sarebbe stata inimmaginabile per lui all'inizio del romanzo;

- **che prima di lamentarci, dovremmo guardarci intorno, perché c'è sempre qualcuno che sta peggio di noi.** L'incontro con i migranti sud sudanesi, la cui situazione è molto più difficile della sua, gli permette di mettere in prospettiva i propri problemi;

- **che la scrittura può essere una fonte di salvezza, perché mettere su carta le nostre idee è liberatorio.** La scrittura permette ad Ajatashatru di mettere in prospettiva la sua situazione e di comprendere meglio la sua vita. Il fatto che il protagonista della sua storia sia un uomo cieco, sostenuto dalle belle (ma false) descrizioni del mondo al di là della finestra della sua cella, dimostra che egli comprende quanto siano importanti le altre persone nel formare la nostra visione del mondo;

- **che anche se non ce ne rendiamo conto, il mondo è pieno di persone disposte ad aiutare gli altri.** Ciò diventa particolarmente chiaro quando incontra Sophie Morceaux, che gli offre vestiti, lo invita a mangiare con lei e gli trova un agente senza chiedere nulla in cambio. Le sue azioni lo ispirano a diventare più altruista;

- **che aiutare gli altri porta gioia e pace.** Quando Ajatashatru offre parte del suo denaro ad Assefa e a un uomo libico in difficoltà, capisce che aiutare gli altri può essere gratificante anche per lui.

È come se alla fine del romanzo Ajatashatru fosse diventato una persona completamente diversa: non è più un manipolatore e un bugiardo spudorato, ma un uomo altruista che si preoccupa e fa di tutto per aiutare i membri più svantaggiati della società, in particolare gli immigrati.

IMMIGRAZIONE

La trattazione del tema attualissimo della migrazione di massa conferisce al romanzo anche una dimensione sociale e politica. In particolare, Puértolas mette in luce le terribili condizioni di vita che i migranti devono affrontare durante il loro pericoloso viaggio, caratterizzato da:

- **stress costante.** I migranti vivono nella paura permanente di essere catturati e rispediti nel loro Paese d'origine: "Avere il cuore che batte nel petto ogni volta che il camion rallenta, ogni volta che si ferma. La paura di essere trovati dalla polizia, rannicchiati dietro una scatola di cartone [...]" (p. 85);

- **condizioni di viaggio difficili.** Nella maggior parte dei casi, i migranti pagano tariffe elevate ai contrabbandieri per far loro attraversare le frontiere e poi finiscono per viaggiare in condizioni precarie, come stipati in camion o su imbarcazioni: "Una notte sono saliti su una barca angusta con altre sessanta persone [...]" (p. 80);

- **crisi di identità.** La loro identità è attribuita dagli altri e può variare a seconda della persona con cui parlano, lasciandoli incerti su chi siano veramente: "Per la polizia erano stranieri illegali, per la Croce Rossa erano persone bisognose" (p. 82);

- **un pericolo costante, che può assumere diverse forme.** Quando arriva in Libia, Ajatashatru vede un uomo di colore che non può tentare la traversata perché gli hanno appena rubato i soldi. L'ex fachiro si trova combattuto, perché vuole lodare tutto ciò che l'Europa ha da offrire, ma allo stesso tempo si sente obbligato ad avvertire l'uomo dei pericoli mortali (annegamento, soffocamento, avvelenamento) che potrebbe affrontare durante il viaggio;

- **povertà.** I motivi che spingono i migranti a intraprendere il loro pericoloso viaggio sono molto meno frivoli di quelli di Ajatashatru. Fuggono dalla povertà più assoluta e sperano di poter provvedere alle loro famiglie: "La povertà e la fame si erano insediate un giorno come malattie gemelle, corrompendo e distruggendo tutto ciò che trovavano sul loro cammino" (p. 85);

- **stigma.** I migranti sono soggetti a frequenti umiliazioni e spesso faticano a gestire l'indegnità della loro situazione: "L'umiliazione. Perché anche i clandestini hanno un senso dell'onore. In effetti, spogliati dei nostri beni, dei nostri passaporti, delle nostre identità, è forse l'unica cosa che ci rimane" (*ibid.*);

- **l'ingiustizia.** Il narratore ci chiede: "Perché alcuni nascono qui e altri là? Perché alcuni hanno tutto e altri niente? Perché alcuni vivono mentre altri – sempre gli stessi – hanno il diritto solo di tacere e morire?" (p. 87). Le terribili difficoltà affrontate dai migranti non sono altro che un incidente di nascita, l'inevitabile risultato di essere nati nel posto sbagliato.

Lo straordinario viaggio di Ajatashatru gli permette di capire – e per estensione di aiutarci a capire – il calvario affrontato dai migranti. Sebbene anche lui stia viaggiando dal suo Paese natale verso l'Europa, non è veramente uno di loro perché non condivide le loro motivazioni o le loro condizioni di vita. Scopre cosa si prova a temere per la propria vita in diverse occasioni (in particolare nella stiva dell'aereo che viaggia da Barcellona a Roma e quando la mongolfiera finisce il carburante e cade dal cielo) ed è esposto alle ingiustizie perpetrate dalle forze di polizia, alla sensazione di essere uno «straniero illegale" (p. 82), alla sensazione di non avere il diritto di stare in un Paese e a condizioni di vita estremamente difficili.

UN'AVVENTURA A FUMETTI

A questa critica sociale si affianca una marcata dimensione comica, con Puértolas che ricorre a un'ampia gamma di diversi espedienti umoristici. Egli impiega numerose tecniche per far ridere i suoi lettori e per rendere divertenti situazioni apparentemente banali.

Ripetizione

Nella sua opera del 1900 *Il riso*, il filosofo francese Henri Bergson (1859-1941) sosteneva che la ripetizione ispira il riso perché trasforma la vita, che dovrebbe essere impossibile da ripetere, in una procedura meccanica. L'esempio più chiaro di ripetizione ne *Lo straordinario viaggio del fachiro che rimase intrappolato in un armadio Ikea* è la descrizione di Ajatashatru, che si ripete spesso nel corso del romanzo: "Un uomo di mezza età, alto, magro e nodoso come un albero, con un viso olivastro e baffi enormi" (p. 3, ripetuta con leggere variazioni alle pp. 62, 64, 93, 127, 141, 176 e 241).

Puértolas, inoltre, a volte ripete i commenti di uno dei suoi personaggi per enfatizzare un'idea e, soprattutto, per creare una sorta di incongruenza umoristica: ""Non vedo proprio come i colori siano in relazione con gli animali", ammise Ajatashatru, che non vedeva proprio come i colori fossero in relazione con gli animali in questione" (p. 25).

Gioco di parole

Per l'autore i nomi dei suoi personaggi indiani sono una fonte inesauribile di ilarità e spesso li paragona a parole francesi. Questa particolarità è stata mantenuta nella traduzione inglese: "Ajatashatru Oghash (pronunciato *A-jar-of-rat-stew-oh-gosh!*)" (p. 7); "Ajatashatru (pronunciato *A-cat-in-a-bat-suit*)" (p. 8).

Allo stesso modo, il nome del letto di chiodi di Ikea, Hertsyorbak, si basa su un gioco di parole ("fa male alla schiena") e serve a prendere in giro l'uso da parte del marchio di nomi svedesi che spesso sono praticamente impossibili da pronunciare per chi parla francese o inglese.

Dispositivi stilistici

Il romanzo è ricco di espedienti stilistici, applicati con un tocco leggero e spesso intensamente visivo.

Il testo presenta un gran numero di paragoni, che spesso servono a confrontare l'aspetto fisico di Ajatashatru con vari oggetti di uso quotidiano: "Aveva diversi anelli nelle orecchie e nelle labbra, come se volesse poterli richiudere dopo l'uso" (p. 3). I paragoni possono anche essere fonte di umorismo assurdo quando contrappongono il grandioso al banale: "Ikea era la sua versione della grotta di Lourdes" (p. 37).

Puértolas fa anche uso dell'ironia, che ha una duplice funzione: da un lato è utilizzata per descrivere Ajatashatru e il suo stile di vita ("Ajatashatru […] aveva fatto voto di castità e aveva scelto una dieta equilibrata a base di chiodi e bulloni organici", pp. 34-35), dall'altro contribuisce a creare un contrasto con l'Europa e a illustrare l'abisso che separa le due culture ("Il presidente della Francia si chiamava Hollande. Che strana idea! Per caso il presidente dell'Olanda si chiamava signor Francia?", p. 53).

L'autore usa anche la satira e l'ironia per denunciare la nostra società consumistica, che nel romanzo è simboleggiata dall'Ikea. Quando il negozio viene descritto attraverso gli occhi di Ajatashatru, che lo scopre per la prima volta, è evidente l'apatia degli europei, che non ne sono più stupiti: "Era sorprendente e in qualche modo angosciante per lui vedere come questi dispositivi, che lui considerava gioielli della tecnologia moderna, fossero diventati del tutto banali per gli europei, che non vi prestavano più nemmeno attenzione" (pp. 14-15). Viene criticato anche il consumo eccessivo: "Per una persona proveniente da una democrazia occidentale, il signor Ikea aveva sviluppato un concetto commerciale a dir poco insolito: l'esperienza dittatoriale dello shopping" (p. 17).

Nonostante il titolo stravagante, il romanzo è ancorato alla società contemporanea, come dimostrano gli abbondanti riferimenti alla cultura popolare (vengono citati la serie di *Harry Potter* e il reality show televisivo *Grande Fratello*) e l'esplorazione di temi sociali (in particolare la crisi dei migranti e il modo disumano e ingiusto in cui vengono trattati). Puértolas utilizza l'umorismo assurdo per trasmettere un messaggio chiaro: i migranti sono costantemente spostati da un paese all'altro ma, a differenza di quanto accade nel caso di Ajatashatru, non c'è nulla di divertente nella loro situazione.

ULTERIORI RIFLESSIONI

ALCUNE DOMANDE SU CUI RIFLETTERE...

- All'inizio del romanzo, il protagonista non sembra essere consapevole della propria immoralità. Spiegate e commentate questa affermazione.

- Quale lezione trae Ajatashatru dal suo soggiorno con Sophie Morceaux? Che impatto ha sulla fine della storia?

- In che modo il romanzo può essere descritto come una storia di crescita? Confrontate la personalità di Ajatashatru prima e dopo il suo straordinario viaggio.

- Identificate e commentate i passaggi del romanzo in cui l'autore descrive le terribili condizioni di vita dei migranti.

- Alcuni passaggi del romanzo criticano il modello commerciale di Ikea. Identificate e commentate questi passaggi e spiegate in che modo vanno oltre la critica al marchio per riflettere sullo stile di vita occidentale nel suo complesso.

- Redigete il modello attanziale del romanzo.

- I personaggi che Ajatashatru incontra nel corso del suo viaggio, che lo aiutino o lo contrastino, sono stereotipi. Individuate e commentate alcuni esempi.

- L'umorismo gioca un ruolo fondamentale nel romanzo. Spiegate le diverse tecniche e i dispositivi che l'autore utilizza per far ridere i lettori.

- Quale legame si può stabilire tra il romanzo *Lo straordinario viaggio del fachiro rimasto intrappolato in un armadio Ikea* e la storia scritta da Ajatashatru?

- Secondo voi, in che modo il romanzo di Puértolas è simile al *Candide* di Voltaire? Confrontate le due opere.

ULTERIORI LETTURE

EDIZIONE DI RIFERIMENTO

Puértolas, R. (2015) *Lo straordinario viaggio del fachiro rimasto intrappolato in un armadio Ikea*. Trans. Taylor, S. Londra: Vintage.

STUDI DI RIFERIMENTO

Béraud-Sudreau, C. (2013) *L'Extraordinaire Voyage du fakir qui était resté coincé dans une armoire IKEA,* di Romain Puértolas. *L'Express.* [Online]. [Accessed 24 April 2018]. Disponibile da: <http://blogs.lexpress.fr/les-8-plumes/2013/11/30/lextraordinaire-voyage-du-fakir-qui-etait-reste-coince-dans-une-armoire-ikea-de-romain-puertolas/>

(Senza data) Conte. *Larousse.* [Online]. [Accessed 24 April 2018]. Disponibile da: <http://www.larousse.fr/encyclopedie/divers/conte/36566>

Vogliamo sapere da voi!
Lasciate un commento sulla vostra biblioteca online
e condividete i vostri libri preferiti sui social media!

www.50minutes.com

Master ISBN: 9782808690379
ISBN cartaceo: 9782808611770
Deposito legale: D/2023/12603/1457

Copertura: © Primento

Concezione digitale a cura di Primento, il partner digitale degli editori.